ARCHITECTURE
ET PATRIMOINE

ARCHITECTURE DES ABBAYES

ODILE CANNEVA-TÉTU

Editions OUEST-FRANCE

Comment parler de l'abbaye, cet édifice complexe et singulier dont l'histoire est si étroitement liée non seulement aux temps et aux lieux qui l'ont fait naître et se développer mais surtout aux hommes qui s'y sont établis pour y mener leur quête d'absolu ?

Dans cet univers clos et silencieux vivent les affamés de Dieu, dans un confort souvent médiocre mais dans des espaces dont la simplicité des formes, voire l'austérité, n'a d'égale que leur indicible beauté. Les moines s'y consacrent entièrement à leur mission : prier et travailler. C'est pourquoi on y trouve toujours un oratoire pour célébrer l'office divin, un jardin à cultiver, un lieu dédié à la copie des manuscrits. Elle n'est cependant pas en retrait de la société de son temps, elle la reflète. Au cœur de la société féodale, elle distingue moines de chœur et convers et leur attribue des espaces séparés.

Les pages qui suivent s'attacheront à décrire les principales étapes de l'enracinement de l'établissement monastique en Occident et celles de son évolution en France, du haut Moyen Âge jusqu'à la Révolution.

EN HAUT **Abbaye de Fontenay (Côte-d'Or).** Cloître. Harmonie des formes, subtile répartition de l'ombre et de la lumière, absence de décor... les espaces intérieurs de l'abbaye de Fontenay invitent au recueillement. © Fotolia.

PAGE DE DROITE **Abbaye de Fontenay (Côte-d'Or).** Église abbatiale. Collatéral Nord. © Frère Thomas.

ORIGINES DU MONACHISME ET PREMIÈRES FONDATIONS EN OCCIDENT

IVe-IXe siècle

Avant que l'empereur Constantin n'accorde la liberté de culte à ses sujets, par un édit paru en 313, un monachisme* chrétien s'était développé dans le sud de l'Empire romain. Des hommes s'étaient retirés au désert pour y mener, dans l'ascèse* et la prière, une vie conforme au précepte évangélique de pauvreté. On appellera moines* ces solitaires.

La Thébaïde. Tableau par Gherardo Starmina (détail). Florence, galerie des Offices.
Dans ce paysage idéalisé, on voit différents aspects de la vie des anachorètes au désert : certains sont retranchés dans une grotte ou s'adonnent seuls à la méditation tandis que d'autres sont à l'écoute d'un maître spirituel.

* Les mots suivis d'un astérisque renvoient au lexique en fin d'ouvrage.

ÉRÉMITISME ET CÉNOBITISME

En réalité, il existe deux manières de vivre cet idéal d'absolu : l'érémitisme et le cénobitisme. Les ermites★ sont des hommes qui vivent totalement immergés dans la solitude du désert qui est, selon la Bible, le lieu de l'épreuve purificatrice et de la rencontre avec Dieu. Le plus célèbre des ermites est saint Antoine. Le récit de sa vie par saint Athanase, évêque d'Alexandrie avec lequel il entretint une correspondance suivie, aura une grande influence sur le développement de la vie monastique.

Les cénobites★ sont des hommes qui mènent une vie communautaire régie par des principes qui s'imposent à tous, sous la direction spirituelle d'un abbé. Les premières communautés cénobitiques ont été instituées par l'Égyptien Pacôme (v. 292-348). En 323, il fonde un premier monastère★ à Tabennêse, en Thébaïde★, puis incite sa sœur Marie à en fonder un autre dédié aux femmes. Bientôt rejoint par de très nombreux disciples, il donne aux moines leur première Règle★ fondée sur l'obéissance absolue et le partage du temps entre activités manuelles et exercices spirituels. À sa mort, il sera à la tête de neuf monastères d'hommes et deux de femmes. Cette forme de vie en communauté séduit d'autres hommes. Basile (v. 329-379), futur évêque de Césarée en Cappadoce, qui partage la vie des moines, rédige en 357 des instructions, appelées constitutions du monachisme, dans lesquelles il prône déjà l'obéissance à l'abbé, la stabilité et la réforme des mœurs. Elles guideront les débuts du monachisme en Orient comme en Occident et restent en usage dans les églises d'Orient. Ancien disciple d'Ambroise, évêque de Milan, qui vivait en communauté avec des clercs★, Augustin (354-430), devenu évêque d'Hippone en Afrique, rédige une Règle de vie commune destinée aux clercs qui insiste sur le partage des biens et la communion fraternelle, à laquelle se référeront plus tard les chanoines★ réguliers de l'ordre de Prémontré et les ordres★ mendiants.

Antoine le Grand (251-356)

Il est issu d'une famille de riches chrétiens. Très jeune, il répond à l'appel évangélique de renoncement absolu, vend tous ses biens et se retire dans le désert de Thébaïde, en Haute-Égypte, pour y mener une vie de solitaire. Il y est longtemps assailli, comme le fut le Christ, par les démons. Pour lutter contre ses tentations, il choisit de s'enfoncer toujours davantage dans la solitude et le renoncement jusqu'à ce qu'il en sorte victorieux. Il accepte ensuite de recevoir des disciples et de les instruire. Ainsi naîtront les premiers groupes d'ermites ou anachorètes★ vivant dans une même contrée sous la conduite d'un maître spirituel. Antoine meurt à 105 ans, auréolé d'une réputation qui s'étendit, grâce au récit de saint Athanase, à toute la chrétienté.

Retable d'Issenheim par Grünewald Mathias (détail). Colmar, musée d'Unterlinden. *Cette scène relate la visite de saint Antoine le Grand à un autre anachorète de renom, saint Paul Ermite, dans le désert égyptien de la Thébaïde.* © RMN.

LES MONASTÈRES D'ÉGYPTE

Dans les premiers temps, ce sont des constructions sommaires, simples abris installés dans des terrains faciles à irriguer, la présence d'un puits étant indispensable à la survie. Vers la fin du Vᵉ siècle, les habitations comme les communautés qu'elles abritent se structurent. Quoique délimités par des murs, ces regroupements d'ermites appelés laures* s'apparentent plus à des colonies rurales qu'à de véritables institutions monacales. Ainsi que nous le révèlent des fouilles archéologiques à Kellia (Basse-Égypte), chaque unité comprend : une grande cour avec puits et jardin, un corps de logis distinct destiné à l'Ancien (un homme âgé, réputé pour ses vertus et son enseignement), un corps de logis abritant plusieurs moines communiquant avec l'office, les cuisines et les resserres. Au sein des logis, chaque moine dispose de sa propre cellule subdivisée en deux pièces : l'une pour vivre, travailler et dormir, l'autre pour prier. Le mur est de l'oratoire comporte en son centre une grande niche, souvent décorée d'une simple croix ou de motifs végétaux, flanquée de niches plus petites, sortes d'armoires renfermant les objets du culte.

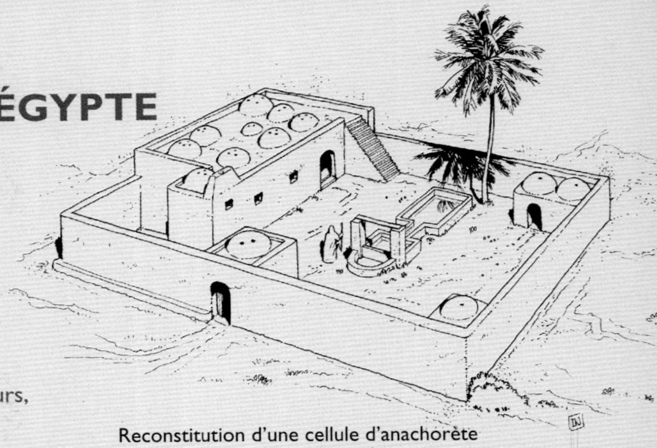

Reconstitution d'une cellule d'anachorète au VIᵉ siècle. *Dans le désert d'Égypte, les regroupements d'anachorètes furent nombreux à partir du IVᵉ siècle. Chacun comprenait plusieurs cellules regroupées autour d'une église, chaque cellule abritant un ermite expérimenté et son disciple.* Dessin de Julien Noirel.

DIFFUSION DU MONACHISME EN OCCIDENT

Le monachisme connaît également une diffusion rapide en Occident. Le Romain Martin (316-397) est à l'origine des premières fondations monastiques en Gaule. En 360, il s'installe comme ermite à Ligugé (Vienne) où ses disciples, alors logés dans des huttes, l'incitent à fonder un monastère. Dix ans plus tard, devenu évêque de Tours, il fonde à Marmoutier un monastère à partir duquel s'effectuera la christianisation de l'ouest de la Gaule. Vers 410, saint Honorat, qui a voyagé en Orient, fonde en Provence, dans l'une des îles désertes de Lérins, un monastère qui deviendra une pépinière d'évêques et d'apôtres. En est issu Césaire, évêque d'Arles, fondateur à son tour d'un monastère de femmes et auteur de la première règle féminine connue. Originaire de Grèce, Jean Cassien reçoit une formation dans les monastères de Bethléem, en Palestine, puis séjourne sept ans en

Abbaye Saint-Victor de Marseille (Bouches-du-Rhône). Crypte. Détail d'un chapiteau représentant un moine. *Cette crypte est le seul vestige du monastère fondé par l'ermite Jean Cassien au Vᵉ siècle.* © Flickr/Acor Cannes.

Carte des premières implantations monastiques d'origine chrétienne.

Thébaïde avant de partir à Marseille où il établira, vers 415, deux communautés monastiques : le monastère de Saint-Victor pour les hommes et celui de Saint-Sauveur pour les femmes. Il est l'auteur d'un traité sur l'institution monastique et de conférences, appelées *collationes*, qui relatent ses entretiens avec les Pères* du Désert.

Outre-Manche, se développe un monachisme celtique de type original caractérisé par une extrême austérité et un esprit missionnaire. Des moines irlandais partent sur le continent et y implantent des monastères qui sont à la fois des foyers d'évangélisation et de civilisation. Parmi ces moines, se distingue saint Colomban (v. 540-615). Accompagné de quelques disciples dont saint Gall, il fonde, grâce à l'appui du roi franc, les abbayes de Luxeuil et de Fontaine-lès-Luxeuil en Franche-Comté avant de s'établir vers 610 à Bregenz près du lac de Constance puis à Bobbio en Italie. Il est l'auteur d'une Règle qui expose les aspects fondamentaux de la vie monacale dirigée vers l'ascèse et l'organisation de la vie monastique autour de la liturgie des heures. Cette Règle sera adoptée dans un grand nombre de monastères d'Occident jusqu'à ce que la Règle de saint Benoît de Nursie la supplante.

Benoît de Nursie (v. 480-547)

Issu d'une famille aisée de Nursie en Ombrie, il entreprend des études à Rome. Mais, très vite, « désireux de plaire à Dieu seul », il se retire comme ermite à Subiaco. Trois ans plus tard, il est appelé par les moines des environs à devenir leur supérieur mais il échoue dans cette tâche. Il retourne dans sa grotte où le rejoignent de nombreux disciples. Il fonde alors douze monastères de douze moines avant de partir instaurer une communauté religieuse au sommet du Mont Cassin qui deviendra le berceau de l'ordre bénédictin. C'est là qu'à la fin de sa vie, vers 547, il rédige une Règle qui pose les principes d'une vie monastique idéale.

Portrait de saint Benoît de Nursie. Détail de la fresque « Crucifixion et saints » par Fra Angelico. Florence, musée national San Marco. © Wikimedia.

LA RÈGLE BÉNÉDICTINE S'IMPOSE

Car c'est Benoît, originaire d'Italie, qui rédigera la Règle la plus adaptée au monde occidental. Le pape Grégoire le Grand en sera le promoteur efficace dans le monde franc et Louis le Pieux, successeur de Charlemagne, en assurera la postérité en achevant l'implantation bénédictine dans son royaume. Confronté à la grande vitalité des monastères de son temps et à ses conséquences en termes de diversité des pratiques mais aussi au comportement abusif des évêques, seigneurs et propriétaires d'abbayes dont ils s'approprient les revenus, Louis le Pieux voulut rétablir son autorité et réaliser l'unité territoriale en imposant l'unité religieuse. Pour y parvenir, il réunit à Aix-la-Chapelle, en 816 et 817, deux synodes qui correspondent aux deux premiers chapitres* généraux des moines d'Occident. C'est là que son conseiller, Benoît d'Aniane, imposa la règle de saint Benoît. Il fit également construire à Inden, près d'Aix-la-Chapelle, un monastère où les religieux vinrent se former. Cet édifice servit de modèle aux constructeurs de monastères bénédictins au même titre que le monastère de Saint-Gall, en Suisse, dont le plan fut diffusé dans tout l'Empire. Pour honorer le service divin qui n'est plus simplement, comme le voulait saint Benoît, un acte de dévotion et de louange au Seigneur mais la manifestation de la toute-puissance de Dieu, les bénédictins bâtiront désormais de grandes et splendides églises et les pourvoiront, pour célébrer avec faste, de tout ce qui est le plus précieux. Parmi celles-ci, se distinguera Cluny, en Bourgogne.

Abbaye de Saint-Benoît-sur-Loire (Loiret). Chapiteau. Assis sur le trône abbatial, saint Benoît présente sa Règle. © Hervé Champollion.

Saint Benoît présentant sa règle. Manuscrit enluminé. Benedictus, *Regula*. Avignon, BM, ms. 710, f° 1. © IRHT-CNRS.

La Règle de saint Benoît

Claire et concise, elle est cependant la plus achevée des règles monastiques. Elle se distingue de toutes les autres par son sens de la mesure car elle n'exige rien d'autre que ce que chaque moine peut donner. Elle se nourrit des expériences des précédentes communautés et s'inspire des précédentes règles et d'un texte anonyme du début du VIe siècle, la Règle du Maître. Elle puise également dans les textes chrétiens de référence, en particulier le Nouveau Testament et les Psaumes. Composée de 73 courts chapitres, elle n'obéit pas à un plan logique. Elle associe conseils spirituels et directives pratiques. Elle prône la stabilité, l'obéissance à l'abbé, l'humilité, le respect du silence et l'équilibre entre les tâches. De fait, elle répartit la vie des moines en trois pôles : le service divin qui comprend huit offices, la méditation des textes sacrés ou *lectio divina et le travail manuel.**

Benoît d'Aniane (v. 750-821)

Benoît est éduqué à la cour du roi franc Pépin le Bref. Devenu moine, il fonde en 782 sur ses propres domaines, en Languedoc, l'abbaye d'Aniane qui connut un essor considérable. Après avoir étudié les différentes règles, il se tourne vers celle de saint Benoît de Nursie qu'il veut faire appliquer. Il la modifie et la complète avec celle de saint Colomban pour former la *concordia regularum* ou concorde des règles. Il est ensuite appelé par Louis le Pieux qui le nomme supérieur de tous les moines du royaume et le charge de diffuser la règle bénédictine. Lors des deux synodes d'Inden (816, 817), il fait approuver le *capitulare monasticum* qui codifie l'usage des coutumes monastiques selon l'esprit de la règle de saint Benoît mais y introduit des innovations au nombre desquelles la consolidation de l'office divin. Établi par l'empereur à la tête d'un monastère à Inden, il y poursuit, jusqu'à sa mort, l'application de sa réforme.

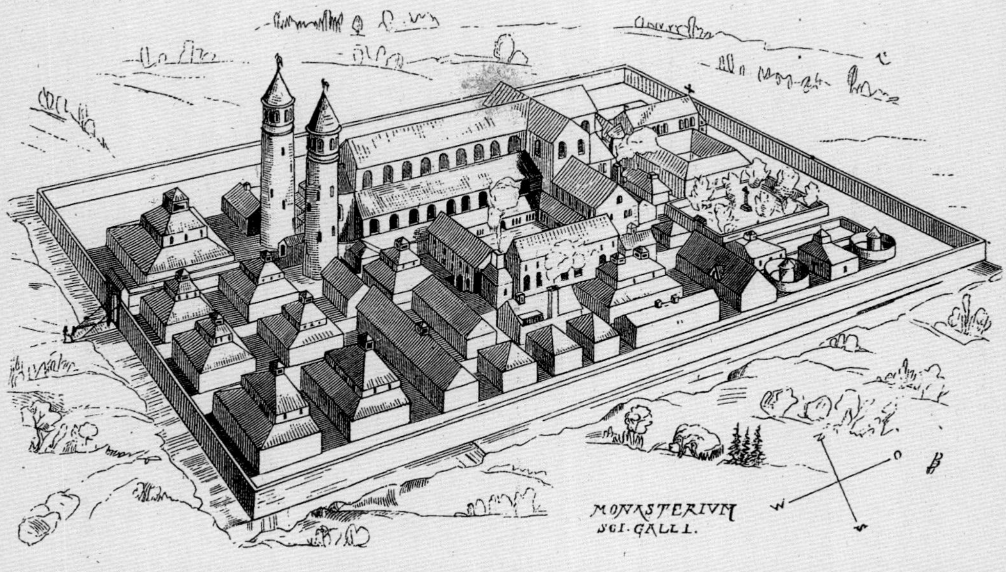

Plan de l'abbaye de Saint-Gall, vers 830. Bibliothèque de Saint-Gall (Suisse). © DR.

LE PLAN DE SAINT-GALL

Il s'agit d'un plan de monastère idéal adressé à Gozbert, abbé de Saint-Gall de 816 à 837, par Heito, évêque de Bâle et abbé du couvent de Reichenau, qui avait joué un rôle considérable lors des synodes d'Aix-la-Chapelle.

« Je t'ai envoyé ceci, mon très cher fils Gozbert, à titre d'exemple de répartition des bâtiments, afin que tu exerces ton zèle et reconnaisse le dévouement que j'ai pour toi ; ne me soupçonne pas d'avoir élaboré (ce plan) en pensant que vous puissiez avoir besoin de nos enseignements mais crois plutôt que je l'ai fait dessiner par amour de Dieu, dans un élan d'amicale fraternité, afin que tu puisses l'étudier attentivement… »

Ce document dont la lecture n'est pas aisée est précieux : il décrit pour la première fois, de façon exhaustive, un complexe monastique bénédictin tel que défini par les conciles réformateurs d'Aix-la-Chapelle et dont l'organisation spatiale s'imposera dans tous les monastères occidentaux jusqu'à la fin du XVIIIe siècle.

L'église du monastère, de plan allongé, présente, comme de nombreuses églises carolingiennes, deux sanctuaires opposés. Elle possède, à l'est, un transept et un chœur surélevé abritant l'autel majeur établi sur une crypte abritant les reliques de saint Gall et terminé par une abside ; à l'ouest, une autre abside constituant un sanctuaire à part entière, précédée par un parvis qu'entoure un portique semi-circulaire. De part et d'autre, se dressent deux hautes tours rondes. Au sud de l'église se tiennent les habitations des moines organisées, pour la première fois en Occident, autour d'une cour carrée bordée d'arcades : le cloître. Il est borné à l'est par un bâtiment à étages qui abrite une pièce chauffée ou chauffoir au rez-de-chaussée et un dortoir prévu pour soixante-dix-sept lits à l'étage. Celui-ci conduit d'un côté à l'église, de l'autre aux bains et aux latrines. Au sud se tient un réfectoire prolongé par un corps de bâtiment abritant une cuisine, proche du vaste cellier établi à l'ouest en contact avec l'extérieur. Entre ce bâtiment et l'église s'insère une petite pièce servant

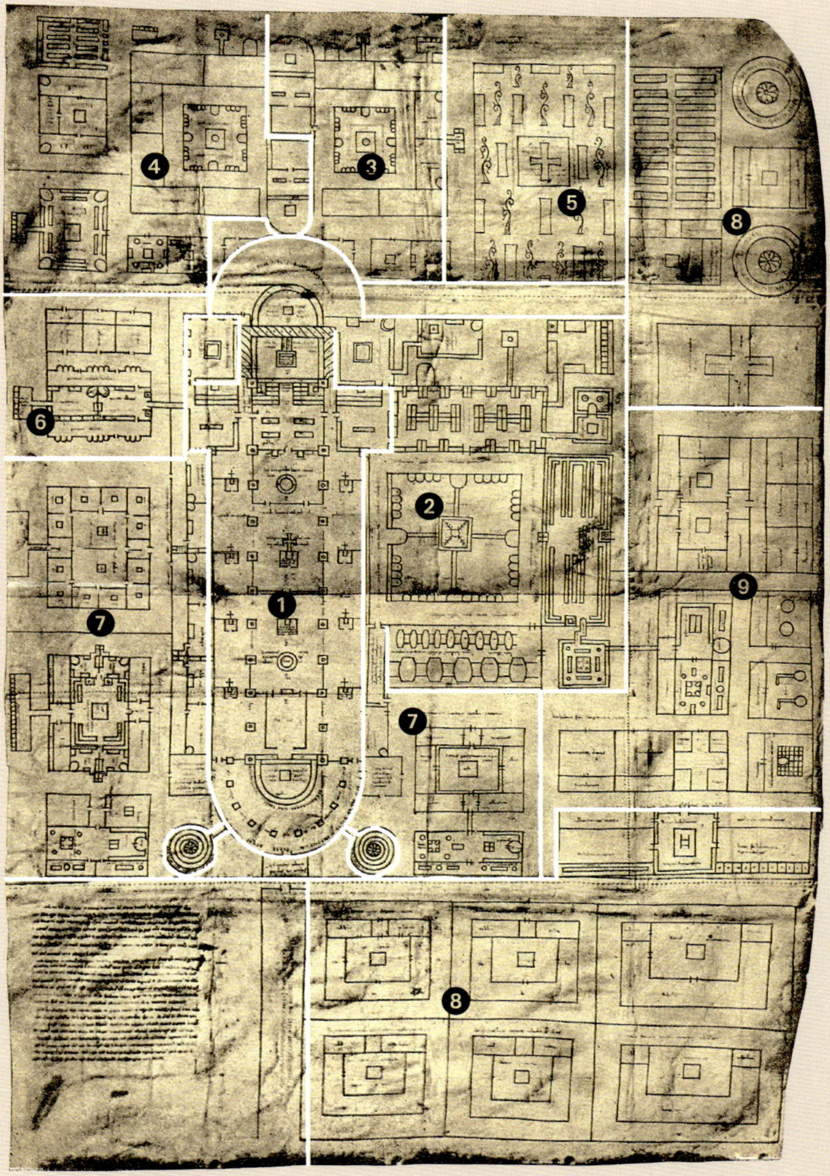

Plan de Saint-Gall, répartition des bâtiments par type de fonction :
1 • église abbatiale
2 • carré monastique
3 • noviciat
4 • infirmerie
5 • cimetière et verger
6 • maison abbatiale
7 • hôtellerie
8 • ferme
9 • ateliers

Gravure réalisée par Karl Lasius en 1876 d'après le plan du début du IXe siècle.

à la fois d'accès au cloître et de parloir où les moines reçoivent les visiteurs. L'ensemble du monastère est délimité par une clôture qui isole les moines des étrangers au monastère.

Outre l'église et les habitations des moines, le monastère regroupe de nombreux autres bâtiments, tels que l'infirmerie ou l'aumônerie, un cimetière, un potager et un jardin des simples et, dans un environnement proche, les bâtiments nécessaires à la subsistance des moines et à l'entretien des bâtiments.

À ce plan se conformeront tous les monastères fondés pendant le haut Moyen Âge. Parmi ceux-ci, se distingue Fleury, sur la Loire, abbaye prestigieuse car dépositaire des reliques de saint Benoît qui fera rayonner la réforme carolingienne en France et en Angleterre.

CLUNY

X^e–XIIe siècle

Après une longue période de décadence religieuse et de désordres au sein même du monde monastique, le désir – partagé par de nombreux clercs* ou individus isolés – de restaurer l'ordre spirituel négligé suscita un mouvement de réforme qui conduisit à l'éclosion d'ordres nouveaux ou au rapprochement de couvents pour former des congrégations. Cluny est la première et la plus ample manifestation de ce vaste mouvement de renouveau et d'intégration.

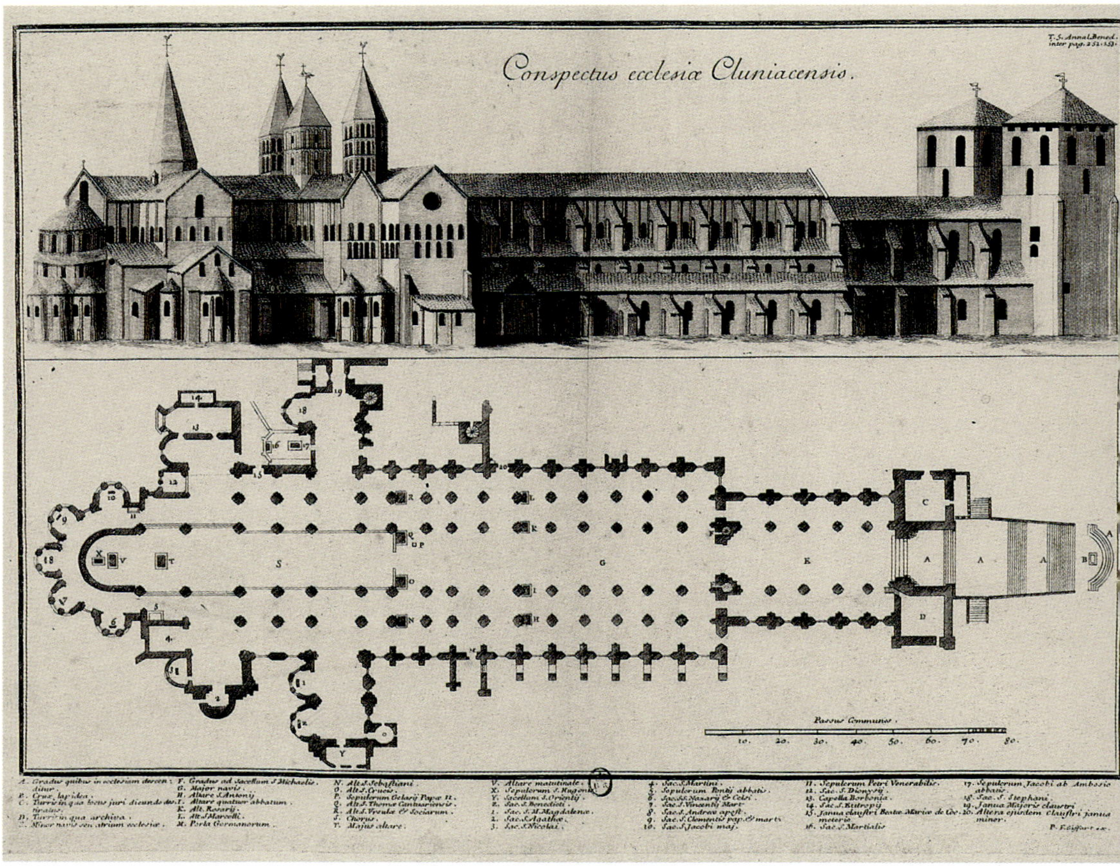

Plan et élévation de la troisième église abbatiale de Cluny. © BnF.

LE MONASTÈRE MAJEUR DU MONDE OCCIDENTAL

Le monastère est fondé aux débuts de l'an Mil, en 910, par le comte de Mâcon Guillaume Ier, duc d'Aquitaine. Celui-ci choisit pour abbé Bernon et impose la stricte observance de la Règle bénédictine. Alors que les princes et les évêques du temps avaient coutume d'exercer leur emprise sur la vie et les biens monastiques, il permit que l'abbé soit choisi en toute indépendance par ses moines et renonça à tous ses droits sur Cluny, plaçant l'abbaye* sous l'autorité directe du pape. C'est le régime de l'exemption*. Odon, deuxième abbé de Cluny, fit rapidement appel aux largesses de l'autorité pontificale mais aussi à celles du roi afin de renforcer la situation économique de l'abbaye. Les premiers privilèges de Cluny – obtenus dès 927 – sont ensuite régulièrement renouvelés. Devenu haut lieu de spiritualité et de culture et centre réformateur influent, Cluny s'impose comme le monastère majeur du monde occidental. En 931, l'abbaye est reconnue comme abbaye* chef d'ordre par le pape Jean XI. Dès lors, un grand nombre de monastères bénédictins se rassemblent sous son autorité et d'autres sont fondés. Choisi comme abbé en 994, Odilon s'attache à promouvoir sa conception de la mission des moines. Les désignant comme intercesseurs pour le salut des âmes, il provoque l'afflux de donations. Mais c'est sous l'abbatiat d'Hugues de Semur (1049-1109) que le rayonnement de l'abbaye est à son apogée. Elle est alors au centre d'un immense réseau d'établissements monastiques sur lesquels elle exerce un pouvoir qu'aucun prince ne détient alors. Elle dispose d'un domaine foncier considérable : 1184 maisons dont 883 en France. Dès le début du XIIe siècle cependant, le déclin est amorcé. Des crises internes à l'ordre clunisien surgissent, dues aux lourdeurs du système et à la naissance de nouveaux ordres. S'y ajoutent des difficultés financières, en grande partie provoquées par la construction de la troisième abbatiale à la fin du XIe siècle.

Église abbatiale de Cluny (Saône-et-Loire). Vestiges : clocher octogonal et bras sud du grand transept.
On peut distinguer sur l'image les bases des piliers de la grande nef, ce qui permet de se faire une idée des dimensions considérables qui avaient été octroyées à la troisième église abbatiale. © Hémis.

L'ARCHITECTURE CLUNISIENNE

Les églises clunisiennes construites dans toute l'Europe s'inspirent des traditions architecturales régionales et se distinguent nettement les unes des autres. Cependant, à la fin du xe siècle, les constructions bénédictines adoptent des caractères communs sous-tendus par des usages liturgiques. Le texte des coutumes de l'époque de l'abbé Odilon permet de restituer le plan de l'abbatiale de Cluny II et de ses annexes c'est-à-dire le modèle des églises bénédictines de ce temps. Les dimensions de l'église sont conformes à celles de Saint-Gall. Elle comprend à l'ouest, au revers de la façade occidentale à deux tours, une avant-nef ou narthex de cinq travées qui servait de vestibule pour les pèlerins surmontée d'une chapelle où l'on célébrait les nombreuses messes d'intercession pour les morts. Il est relié au cloître où se déroulent les processions. À l'est, un transept débordant sépare la nef du chœur flanqué de vaisseaux latéraux munis d'autels pour satisfaire les besoins en lieux de célébration de la messe. Non rattachée à Cluny mais géographiquement proche, l'abbatiale Saint-Philibert de Tournus, consacrée en 1019, illustre ces caractéristiques architecturales introduites par Odilon. C'est une vaste église à trois nefs et trois niveaux d'élévation. Elle comprend, à l'est, un transept et un chœur à déambulatoire avec chapelles rayonnantes placé au-dessus d'une crypte où étaient conservées les reliques de saint Philibert et, à l'ouest, un narthex à deux étages. Cluny III, érigée à partir de 1088 et consacrée en 1130, marque l'évolution de ce plan vers davantage de complexité.

Plan de la deuxième église abbatiale de Cluny. Restitution du plan de l'église consacrée en 981 comprenant un narthex de cinq travées avec chapelle au-dessus.
1 • narthex
2 • nef
3 • transept
4 • chœur à 3 absides

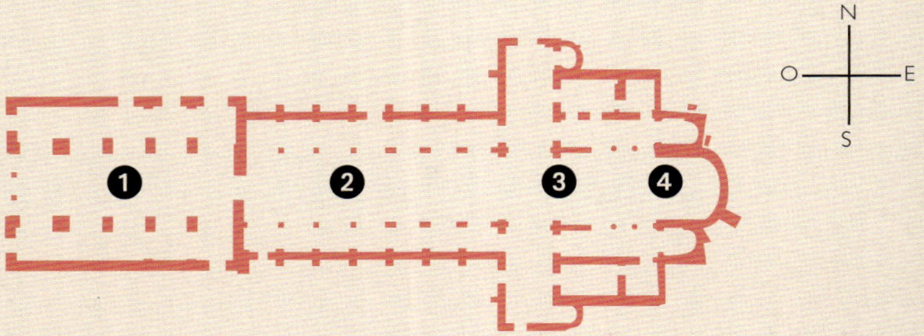

Église abbatiale de Tournus (Saône-et-Loire). Narthex, vue intérieure. © Hervé Champollion.

Église abbatiale de Paray-le-Monial (Saône-et-Loire). Vue du nord-ouest. *La façade flanquée de deux hautes tours a été érigée vers la fin du XIe siècle.* © Wikimedia/Havang.

Ce très grand édifice, le plus long de la chrétienté (187 m), dont la hauteur permettait un éclairage direct de la nef et du chœur, a été conçu pour abriter de somptueuses célébrations. Il se décompose en une nef de cinq travées, deux transepts saillants à chapelles et un vaste chœur semi-circulaire à déambulatoire pour les processions desservant cinq chapelles dédiées au culte des saints. À cette organisation des espaces correspond un agencement particulier du chevet ou succession de volumes de taille décroissante correspondant au clocher implanté à la croisée du transept (dont les cloches scandent le jour au rythme des offices liturgiques), à l'abside, à la saillie du déambulatoire et aux absidioles. Quoique sa construction n'ait pas été menée à son terme, l'exemple le plus représentatif de ce type est l'abbatiale de Paray-le-Monial, rattachée à Cluny dès la fin du Xe siècle, qui fut reconstruite sur le modèle de son aînée au début du XIIe siècle. L'ensemble monastique bénédictin est généralement pourvu, à l'intérieur comme à l'extérieur, d'un riche décor peint ou sculpté. Le cloître, où se vit l'essentiel de la vocation du moine, le dialogue avec Dieu, est le cadre privilégié de l'épanouissement du décor. Les chapiteaux du cloître de l'abbaye de Moissac, bâti en 1100, en sont le premier et sans doute l'exemple le plus achevé.

Église abbatiale de Saint-Benoît-sur-Loire (Loiret). Chevet.
© akg/Hervé Champollion.

L'ESSOR DE L'APRÈS-L'AN MIL

Des fondations monastiques originales – XIe-XIIe siècle

Dans la seconde moitié du XIe siècle, Cluny et l'ensemble du monachisme cénobitique sont remis en cause. De nouvelles formes de vie religieuse se multiplient, initiées par des hommes qui sont à la recherche de nouveaux modèles de vie au désert. Mais chacun d'eux développe des idées qui lui sont propres, ce qui permet de caractériser les communautés qu'ils créent.

Prieuré Saint-Michel de Grandmont (Hérault). La celle grandmontaine concentre autour du quadrilatère du cloître l'ensemble des bâtiments conventuels. Vue de l'extérieur, elle présente un aspect compact et austère à peine tempéré par la saillie du chevet de l'église. © akg/Hervé Champollion.

ÉTIENNE DE MURET ET GRANDMONT

Étienne naît en 1046. Confié jeune à Milon, évêque de Bénévent en Italie, il découvre la vie et les mortifications des ermites calabrais. À l'âge de 30 ans, il décide de s'isoler dans le désert boisé de Muret, près d'Ambazac en Limousin, où il demeurera jusqu'à sa mort en 1125. Quelques disciples le rejoignent auxquels il dispense un enseignement fondé sur les écrits des Pères* de l'Église et sur les Évangiles. Après sa mort, ses disciples fondent à Grandmont une communauté composée de frères laïcs ou lais (les convers*) et de frères religieux (les clercs) placés dans une stricte égalité de rang et soumis à la rigoureuse règle de vie transmise oralement par Étienne à son disciple favori Hugues de Lacerta. Écrite vers 1150, confirmée par le pape en 1171, elle prône la non-possession de terres en dehors du

Saint Étienne de Muret apparaît à son disciple Hugues de Lacerta. Plaque en cuivre émaillé. Vers 1189-1190. Paris, musée national du Moyen Âge. © RMN.

domaine, le refus de toute fonction paroissiale et la solitude communautaire mais non l'isolement. Le réfectoire et le dortoir sont communs à tous, clercs et convers, mais dans l'église, les clercs se tiennent dans le chœur tandis que les convers demeurent dans la semi-pénombre de la nef. Le prieur* y est l'unique détenteur de l'autorité spirituelle tandis que le soin des affaires matérielles incombe entièrement aux convers. L'ordre, qui bénéficie de la bienveillance des rois de France et d'Angleterre, se développe rapidement, notamment dans le sud-ouest de la France, comptant jusqu'à 144 maisons à la fin du XIIIe siècle. Cependant, les convers ayant pris, du fait de leurs prérogatives, une importance contestée par les clercs, le pape Jean XXII dut intervenir en 1317 pour réorganiser l'ordre qui ne disparaîtra qu'en 1772.

L'ARCHITECTURE DES GRANDMONTAINS

Le monastère, appelé « celle », est d'une extrême simplicité, en rapport avec les exigences de rigueur de l'ordre. Conçu pour un nombre limité de moines (six ou douze) il s'inscrit dans un carré de 30 m de côté et est clôturé par un mur de pierre protégé par un fossé. Ses différents bâtiments sont regroupés autour du quadrilatère du cloître suivant l'organisation propre à tous les monastères du Moyen Âge : chapitre, salle de travail, dortoir, réfectoire, cellier et dépendances. L'église, identifiable au clocheton qui orne sa toiture, est voûtée en berceau. Elle présente une nef unique dépourvue de fenêtres prolongée par une abside plus large percée de trois étroites fenêtres juxtaposées. On y accède au nord par la porte principale précédée d'une galerie ou portique réservé à l'accueil des pauvres et des pèlerins. Au sud, la porte des moines communique avec le cloître. Les galeries du cloître sont couvertes par un toit en appentis soutenu par des colonnes à chapiteaux simplement ornés.

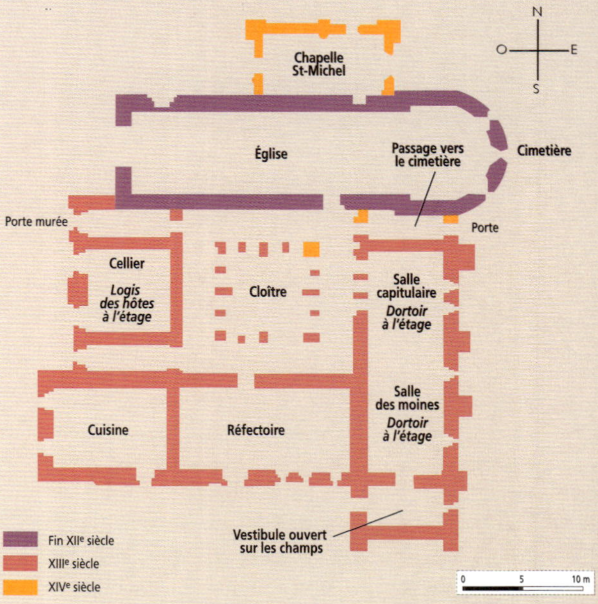

Plan de la celle de Saint-Michel de Grandmont (Hérault).

Saint Bruno en prière. Tableau d'après Eustache Lesueur. Chartreuse de Valbonne (Gard). © Geneviève Rabier.

Cellule de chartreux. Chartreuse de la Verne. Collobrières (Var). © Odile Canneva-Tétu.

BRUNO DE COLOGNE ET LA GRANDE-CHARTREUSE

Issu d'une élite intellectuelle de Cologne, Bruno (v. 1030-1101) fait ses études à l'école des chanoines de Reims. Promu à son tour docteur et chanoine* du chapitre cathédral, il en dirige l'école pendant un quart de siècle. Puis il choisit de se retirer au désert. En 1084, après avoir reçu l'aide de l'évêque du lieu, il fonde avec six compagnons un ermitage en altitude dans la vallée sauvage de Chartreuse. Cinq ans plus tard, il répond à l'appel du pape Urbain II – qui avait été son élève à Reims – à le rejoindre à Rome, laissant à ses compagnons le soin de poursuivre son œuvre. Avec l'accord du pape, il part peu après fonder un nouvel ermitage en Calabre, au sud de l'Italie, où il finit sa vie.

C'est au prieur Guigues que l'on doit les *consuetudines cartusiae* (rédigées en 1127) qui définissent les us et coutumes d'un monastère de chartreux en opérant un subtil équilibre entre vie érémitique et vie communautaire. Les moines se réunissent à l'église aux vigiles, aux matines, à la messe du matin et aux vêpres, vivant le reste de la journée retirés dans leur cellule où ils se consacrent à l'étude des Saintes Écritures. Ils prennent un repas en commun au réfectoire les seuls dimanches et jours de fête. Ils tiennent leurs assemblées, généralement le dimanche après l'office de none, dans la salle capitulaire.

Progressivement, l'ordre des chartreux s'est structuré. Il est demeuré attractif pendant tout le Moyen Âge sans que la règle ait été modifiée en profondeur. À la fin du XVIe siècle, l'assemblée conventuelle réunissait près de deux cents maisons. Il y eut même une branche féminine de l'ordre dont les coutumes furent toutefois adaptées. Les moniales ne disposaient pas de cellule individuelle et prenaient leur repas en commun au réfectoire.

Vue aérienne de la Grande-Chartreuse (Isère). *On note la présence de l'église, au centre de l'image, à gauche celle de l'alignement des maisons faisant office de cellules pour les moines.* © Hémis.

L'ARCHITECTURE DES CHARTREUX

Le monastère correspond le plus souvent à un prieuré* de douze moines et de seize frères convers même si, à partir de 1290, le doublement du nombre des cellules fut autorisé dans certaines maisons. Du mode de vie des chartreux découle l'organisation des bâtiments. À l'habituelle séparation entre laïcs, frères et pères, les chartreux ajoutent la distinction entre les espaces communautaires et ceux dévolus à l'isolement. Le domaine du monastère, appelé désert, est un vaste espace clos. La chartreuse est organisée en quartiers dont deux s'articulent autour d'un cloître : le premier, proche de l'église, donne accès à la salle capitulaire, au réfectoire et à la bibliothèque ; le second, plus vaste, donne accès aux cellules individuelles des moines qui ont la forme d'une maisonnette, parfois à étage et dotée d'un jardin clos de murs. Elles sont toutes composées d'un atelier, d'une chambre principale incluant un espace pour l'étude et d'un cabinet de prière. Chacune est pourvue d'un guichet ouvrant sur la galerie du cloître par lequel le moine reçoit ses repas. Les convers occupent un troisième quartier, assez éloigné des bâtiments réservés aux pères, qui regroupe lieux de vie, ateliers et bâtiments agricoles. L'hôtellerie forme un dernier quartier hors les murs.

Chaque chartreuse abrite plusieurs églises et chapelles :

– l'église conventuelle. Elle est de plan allongé et le plus souvent dépourvue de nefs latérales.

Elle comprend : le sanctuaire proprement dit avec son unique autel, le chœur des pères qui occupe environ les deux tiers de la nef et le chœur des frères séparé du précédent par une clôture et surmonté d'une tribune réservée à l'accueil des étrangers à la communauté ;

– la chapelle des frères laïcs. Elle est érigée à proximité de leur quartier. Ils s'y rassemblent matin et soir pour la prière commune. Y sont également célébrés des offices pour ceux qui ne peuvent assister à la messe conventuelle ;

– la chapelle des reliques ;

– une chapelle extérieure dédiée aux familles des moines et aux fidèles. Son sanctuaire seul est dans la clôture, séparé de la nef par une grille.

ROBERT D'ARBRISSEL ET FONTEVRAUD

Né en 1045 à Arbrissel en Bretagne, Robert est d'abord un ermite. Après avoir contribué avec son évêque à la moralisation du clergé breton, ce qui lui valut beaucoup d'ennemis, il se retire dans la forêt de Craon, dans le Maine, où il fonde un ermitage, puis à La Roë, où il fonde une abbaye de chanoines réguliers dont il devient le prieur. En 1096, le pape Urbain II le nomme missionnaire apostolique. Par ses prédications il attire à lui une telle foule d'hommes et de femmes de toutes conditions que les autorités ecclésiastiques lui enjoignent de s'établir et d'organiser une vie communautaire qui distingue hommes et femmes. Vers 1100, il s'installe à Fontevraud, en Anjou. Sa fondation revêt une forme inédite. Il s'agit de quatre monastères distincts mais situés à l'intérieur d'une même enceinte. Trois sont destinés aux femmes : le Grand-Moûtier est réservé aux femmes de la noblesse, vierges ou veuves de grande vertu, qui seront moniales de chœur, le prieuré Sainte-Madeleine est établi pour les pécheresses converties qui seront sœurs converses, le prieuré Saint-Lazare accueille des lépreuses. Un seul prieuré, celui de Saint-Jean-de-l'Habit, est dédié aux hommes. Les femmes sont soumises à la Règle de saint Benoît tandis que leurs frères, qui leur servent de clercs, vivent selon celle de saint Augustin. Trois ans plus tard, Robert abandonne l'abbaye pour reprendre son apostolat errant. Au cours des dix années qui suivent, il fonde d'autres prieurés doubles qui sont reliés à Fontevraud. Il meurt en 1115, après avoir confié le gouvernement

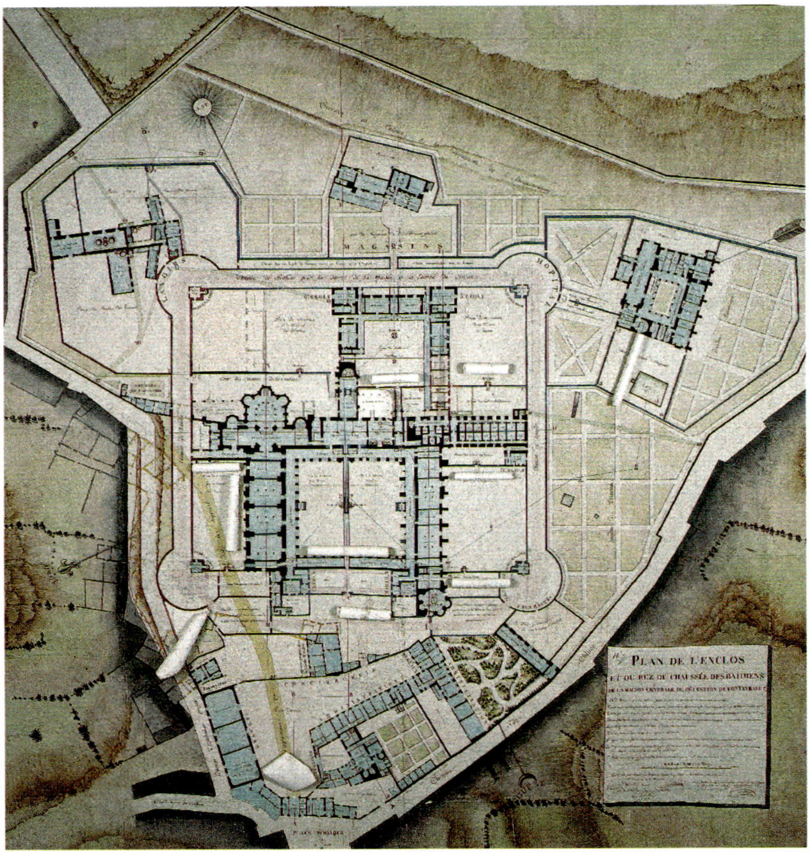

Abbaye de Fontevraud (Maine-et-Loire).
Plan de conversion de l'abbaye en maison de détention par l'ingénieur normand, 1816.
Ce plan donne une idée de la complexité de l'ensemble monastique qu'avait imaginé Robert d'Arbrissel. On remarque au centre le Grand Moûtier, couvent principal de l'abbaye, flanqué à l'est de l'ensemble Saint-Benoît dédié aux malades ; au nord-est, le couvent de la Madeleine ; au sud-est, le prieuré Saint-Lazare.

Abbaye de Fontevraud (Maine-et-Loire).
Ailes nord et est du cloître érigées au milieu du XVIe siècle sur les fondations du cloître roman. © Fotolia.

du nouvel ordre, approuvé par le pape en 1106, à Pétronille de Chemillé. Il est enterré à Fontevraud. Son œuvre est originale à deux titres : il a fondé un ordre mixte et il en a confié le gouvernement à une abbesse. Trente-six abbesses, toutes de haute naissance, se succéderont à la tête de la maison-mère jusqu'à sa fermeture en 1792.

L'ARCHITECTURE FONTEVRISTE

Il n'y a pas à proprement parler d'architecture fontevriste. Le couvent principal de l'abbaye, le Grand-Moûtier, est construit selon le plan bénédictin. Il regroupe autour d'un vaste cloître l'église au nord, la salle capitulaire et la salle de communauté ou chauffoir à l'est, les cuisines au sud, le bâtiment des converses et les communs à l'ouest. L'église est construite dans la tradition des églises romanes des bords de Loire telle celle de Saint-Benoît-sur-Loire.

À GAUCHE **Abbaye de la Lucerne (Manche).** Église abbatiale, élévations nord et ouest. C'est l'une des seules églises, parmi celles de l'époque de la fondation de l'ordre, qui ait été conservée. © Wikimedia/Ikmo Ned.
À DROITE **Abbaye de Juaye-Mondaye (Calvados).** Chœur des moines datant du début du XVIIIe siècle. © Éric Pouhier.

NORBERT DE XANTEN ET PRÉMONTRÉ

Norbert naît vers 1080 à Xanten, en Rhénanie du Nord. Il devient chanoine de la collégiale de cette ville et mène longtemps une vie dissipée avant de se convertir brusquement en 1115. Ordonné prêtre peu après, il vit en prédicateur errant jusqu'à ce qu'en 1120 le pape Calixte II lui demande, afin de le sédentariser, de fonder un monastère à Prémontré, près de Laon. Norbert, dont la vocation était de vivre l'idéal de la première communauté chrétienne, dota son monastère d'une règle calquée sur celle de saint Augustin qui permettait à la fois à des clercs de mener une vie commune et d'accomplir le service pastoral de l'Église. Dans les années suivantes, plusieurs monastères s'affilièrent à l'abbaye-mère. En 1126, le pape Honorius II approuva le mode de vie et l'organisation des Prémontrés. La même année, Norbert fut nommé évêque de Magdebourg où il mourra en 1134.

À la différence de beaucoup d'autres mouvements réformés des XIe et XIIe siècles, les premières fondations de l'ordre des prémontrés ont intégré des monastères accueillant à la fois des hommes et des femmes. La séparation des communautés n'est intervenue qu'en 1140 suite à une décision du concile de Latran. L'ordre essaima rapidement : trente ans après sa création, il comptait 150 monastères. À son apogée, au XIIIe siècle, il en comptait près de 600 répartis dans l'Europe entière.

L'ARCHITECTURE DES PRÉMONTRÉS

À l'origine, tous les prieurés de Prémontré ont dû posséder deux monastères mais aucun document ne permet de définir l'organisation de ces premiers établissements mixtes. Au XIIe siècle, le monastère prémontré prit modèle sur Cîteaux tandis que les constructions de l'époque classique présentent de nombreuses similitudes avec celles des Bénédictins réformés. Les églises sont toujours dotées d'un vaste chœur où les chanoines récitent en commun les heures liturgiques et, s'agissant d'un ordre de clercs, de plusieurs chapelles munies d'autels pour la célébration de la messe.

À GAUCHE **Saint Robert.** Statue. Troyes (Aube). Église Sainte-Madeleine. *Robert est ici représenté comme le fondateur de deux communautés monastiques : Molesme et Cîteaux.* © akg/Hervé Champollion. À DROITE **Saint Bernard présente l'église de Cîteaux, sa première fondation.** Retable de Clairvaux. Dijon, musée des Beaux-Arts. © Hervé Champollion.

ROBERT DE MOLESME ET MOLESME

En 1075, Robert, ancien prieur de Saint-Ayoul de Provins où il est le témoin impuissant de la décadence de l'ordre de Cluny, part rejoindre un groupe d'ermites dans la forêt de Molesme en Bourgogne. Après avoir vécu un temps dans le plus complet dénuement, il y fonde un monastère. C'est là que fut forgée la spiritualité cistercienne dont il codifia l'idéal en 1098 sous le titre « Observance des moines cisterciens venant de Molesme », exhortant les moines à être fidèles aux préceptes de la Règle de saint Benoît, à refuser les possessions et à subsister grâce à leur seul labeur. Cependant, grâce aux nombreux dons qui lui sont accordés, le monastère prend de l'essor et s'éloigne de l'idéal de pauvreté que prône Robert. Ne parvenant pas à y imposer des réformes, Robert quitte Molesme et se fixe à Cîteaux, terre marécageuse et hostile, avec vingt et un fidèles. Il est cependant contraint par le légat du pape au retour à Molesme pour y rétablir la discipline. Il y meurt en 1110.

BERNARD DE FONTAINE ET CÎTEAUX

Bernard de Fontaine naît en 1090 dans une famille noble de Bourgogne. Il est formé à l'école des chanoines de Châtillon-sur-Seine où il acquiert une bonne connaissance de la Bible et des Pères de l'Église qu'il mettra à profit tant dans ses enseignements à ses moines que dans ses prédications et ses écrits. Aspirant à une vie rude, il arrive à Cîteaux en 1112. Il y est rejoint par des disciples si nombreux que l'abbaye se révèle trop exiguë pour les accueillir tous. Dès 1113, Étienne Harding, alors abbé de Cîteaux (1108-1133), crée La Ferté, première abbaye-fille. Trois autres suivront : Pontigny en 1114, Morimond et Clairvaux, dont Bernard sera l'abbé, en 1115. En l'espace de quelques décennies, sous l'impulsion de ces deux hommes, des dizaines de monastères sont fondés. Les moines sont assistés par des convers qui administrent des granges ou centres d'exploitation agricole hors les murs. Au fil des fondations, c'est un véritable ordre monastique, l'ordre cistercien, qui voit le jour, rappelant l'essor de Cluny presque deux siècles plus tôt. Il se développe de telle manière qu'à la mort de saint Bernard il comprend 352 abbayes réparties dans toute l'Europe. Les assemblées fondatrices comptent douze moines et un abbé, chacune d'elles suivant un modèle d'organisation défini par la charte de charité rédigée en 1119. En instituant une même gestion des biens temporels – le monastère doit se suffire à lui-même par l'exploitation en faire-valoir direct de son patrimoine foncier – et un même genre de vie fondé sur la pauvreté, la simplicité et le respect de la règle de saint Benoît, en imposant les mêmes livres liturgiques et les mêmes rites quotidiens, la charte établit un lien entre toutes les abbayes. Toute abbaye créée devient la fille de celle qui l'a créée, chaque abbaye étant reliée à l'une des branches principales de l'ordre : Cîteaux ou l'une de ses quatre premières filles. Elle reçoit une fois par an la visite de l'abbé qui a permis sa fondation. En outre, une fois par an, le chapitre général de tous les abbés cisterciens est convoqué à Cîteaux et présidé par son abbé. Celui-ci établit des prescriptions. Cette charte fut reconnue en 1149 par le pape Calixte II comme base officielle du mode de vie cistercien.

LES COUVENTS DE FEMMES

La nouvelle institution attire aussi des femmes, souvent issues de l'entourage des religieux. Entre 1113 et 1115, une communauté féminine, à laquelle appartiennent la sœur et la belle-sœur de Bernard, s'installe à Jully, non loin de Molesme. Quoique sous l'autorité des moines de Molesme, elle adopte l'organisation clunisienne. En 1125, un monastère de cisterciennes est fondé à Tart, près de Cîteaux.
En quelques décennies, il sera à la tête d'une lignée de dix-huit filles, fondées ou rattachées.

Il existe une différence notable entre couvents d'hommes et couvents de femmes. Ces dernières ne pouvant accéder à la fonction de prêtre, elles ne peuvent disposer d'une complète autonomie. Dans l'église, pour éviter une trop grande proximité avec les religieux dont elles dépendent pour le service divin, elles sont soit reléguées dans des galeries dont la position surélevée les protège, soit isolées du chœur par une clôture ajourée. Dans le monastère, les règles de la clôture sont également strictes. Au parloir, où les religieuses reçoivent des visites, la communication n'est possible qu'à travers une grille.

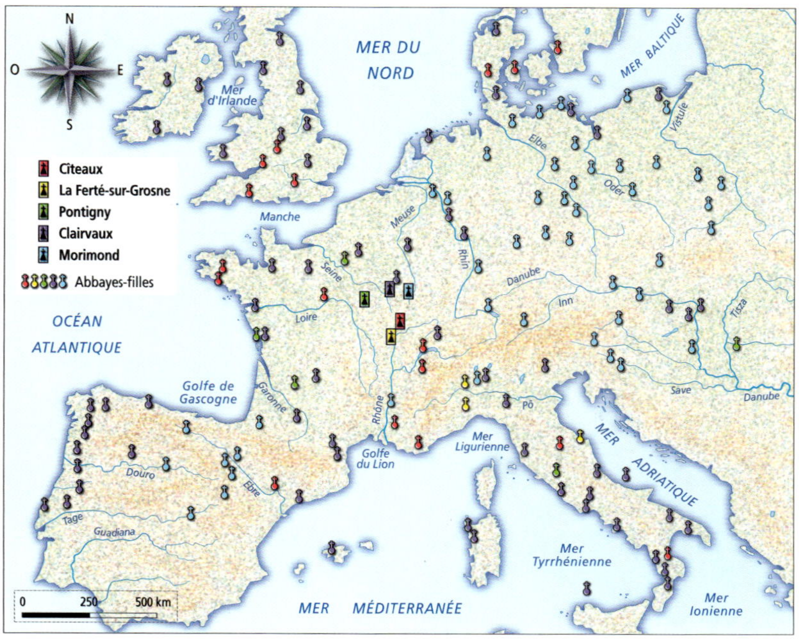

Carte de l'expansion de l'ordre cistercien en Europe.

Abbaye de Sénanque (Vaucluse). Vue du site. © Hémis.

L'ARCHITECTURE DES CISTERCIENS

Un art à son apogée

En 1135 est posée la première pierre du monastère de Clairvaux. Bernard, abbé du monastère qu'habite un amour fervent pour la Vierge Marie, place l'édifice sous sa protection comme le feront après lui tous les cisterciens. Dans le monument qu'il fait édifier, il tente d'exprimer son idéal de perfection morale. En décidant du plan et de l'agencement des bâtiments, qu'il souhaite conformes aux prescriptions de la Règle de saint Benoît, il confirme le schéma fonctionnel de l'abbaye tel que l'avait établi le plan de Saint-Gall mais l'adapte aux besoins de l'ordre.

LES PRÉCEPTES DE L'ARCHITECTURE MONASTIQUE SELON BERNARD DE CLAIRVAUX

À travers le choix de formes simples et le renoncement à tout ornement, sculpture ou tableau susceptible de détourner l'esprit, il manifeste sa volonté de conduire le moine à l'humilité et au recueillement. Cette aspiration au dépouillement le plus total est alors partagée par tous les frères. En 1150 le chapitre général interdit d'orner les manuscrits d'initiales en couleur qui sont alors remplacées par des initiales peintes en une seule couleur et sans utilisation d'or. Il interdit aussi les vitraux colorés aux représentations figuratives qui sont remplacés par des verrières aux motifs de résilles et d'entrelacs dites en grisaille. En 1157, il proscrit les hautes tours en pierre. Toutefois, plus que les interdictions, c'est l'adhésion de tous aux mêmes principes d'unanimité qui assure la diffusion rapide de la pensée de Bernard et, par voie de conséquence, la mise en œuvre, des siècles durant, d'un grand nombre d'édifices répondant aux mêmes critères d'organisation et de décor. L'abbaye de Fontenay, en Bourgogne, représente sans doute l'exemple le plus parfait et le plus complet de ces édifices qui, cependant, évolueront au cours du temps vers moins d'austérité. Dès le siècle suivant, les chapiteaux s'ornent de représentations figuratives et les sols polychromes font leur apparition.

EN HAUT **Église abbatiale d'Aubazine (Corrèze).** Détail d'un vitrail. Ce vitrail en grisaille est composé de morceaux de verre incolore enchâssés dans un réseau de plombs puis recouverts d'une couche de peinture de teinte variable mais suffisamment claire pour laisser filtrer la lumière. © Wikimedia/Mossot.
EN BAS **Église abbatiale de Fontenay (Côte-d'Or).** Détail du pavement. © Hervé Champollion.

Abbaye de Sénanque (Vaucluse). Vue aérienne des bâtiments. L'abbaye de Sénanque a été établie dans des gorges marécageuses. Selon Bernard de Clairvaux, une vallée boisée et solitaire était propice tant à la mise en valeur qu'au recueillement. © Flickr/Jean-Louis Zimmermann.

LE SITE

S'il est possible, le monastère doit être établi de manière que l'on y trouve toutes les choses nécessaires, à savoir de l'eau, un moulin, un jardin, une boulangerie et des officines pour que l'on puisse exercer au-dedans les différents métiers. Règle C.66.6

Les monastères cisterciens sont parfaitement intégrés à leur site. Tous sont implantés dans des zones retirées, fonds de vallées de préférence, qui correspondent à des terrains vierges de toute mise en valeur mais qui offrent les ressources nécessaires pour la survie de la communauté : l'eau des ruisseaux pour la consommation courante, l'assainissement, l'irrigation des terres, la mise en mouvement des roues ; le bois des forêts pour la construction et le chauffage ; la proximité d'une route pour le transport des produits vers la ville. Quand l'ensemble de ces conditions n'étaient pas réunies, elles ont été rétablies par des aménagements. Les cisterciens ont multiplié les savoir-faire pour assurer leur existence autarcique. Ils se sont rendus maîtres dans les techniques de l'irrigation et de l'utilisation de la force hydraulique. Ils ont creusé des étangs, canalisé des rivières, installé des moulins et mis en mouvement des marteaux de forge.

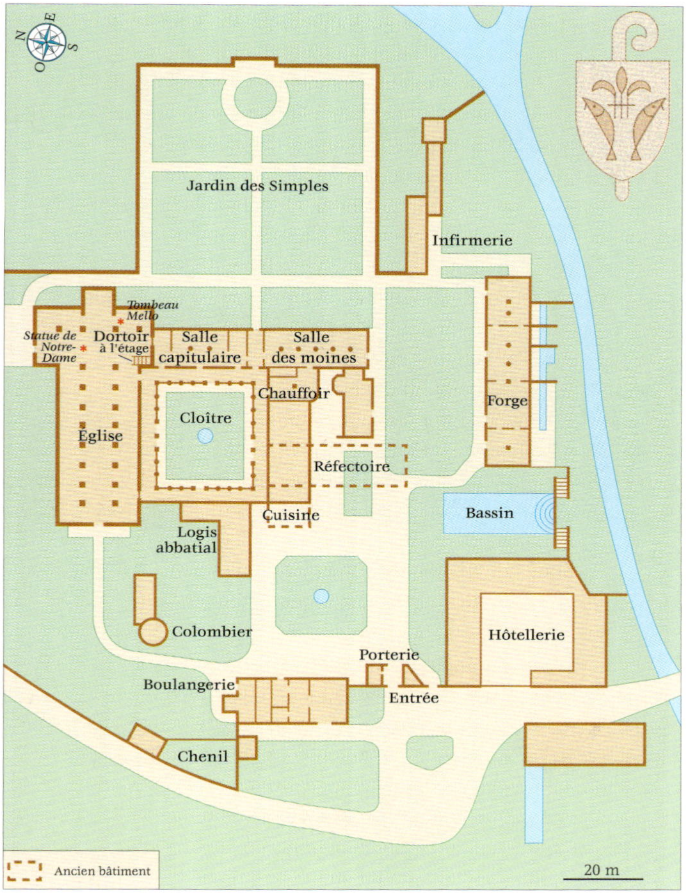

A DROITE **Plan de l'abbaye de Fontenay (Côte-d'Or).** Malgré la disparition de certains bâtiments (réfectoire, bâtiment des convers remplacé par le logis abbatial), l'abbaye de Fontenay fournit une parfaite illustration des conceptions architecturales de Bernard de Clairvaux. © Cartographie.

Les lieux où sont fondés les établissements sont désignés par des termes qui en évoquent clairement la spécificité : Bellevaux, Bonlieu, Bonnecombe ou Valbonne suggèrent un lieu où il fait bon vivre, au contraire de Froidmont, de Fontfroide, de Cîteaux dont le nom évoque le cistel ou feuille d'eau, donc un terrain marécageux, ou de Silvacane dont le nom signifie forêt de roseaux ; Bonnefont, Trois-Fontaines ou Sept-Fons sont quelques-unes des désignations qui font référence à la présence d'une ou de plusieurs sources.

ORGANISATION SPATIALE ET FONCTION DES BÂTIMENTS

Le monastère est un édifice dont la construction ne doit rien au hasard. Ses formes et ses proportions expriment l'art des bâtisseurs mais revêtent également un sens symbolique et sacré. La répartition des fonctions doit autant à la Règle qu'aux nécessités du fonctionnement de l'institution qui assure à la fois des fonctions spirituelles et temporelles.

Abbaye de Fontfroide (Aude). Vue du site. © Fotolia.

L'ENCEINTE

S'il est possible, le monastère sera établi de sorte que les moines n'aient aucune nécessité de courir au dehors, ce qui n'est aucunement avantageux à leur âme. Règle C.66.1 et 7

L'abbaye est un désert, c'est un espace clos qui échappe aux regards. Le monastère doit se suffire à lui-même, c'est-à-dire subvenir aux besoins de la communauté sans recourir au monde extérieur. En fait, il existe deux monastères dans l'abbaye : celui des moines de chœur, strictement séparé, et celui des convers, ouvert vers la porterie et le monde où ils œuvrent. La séparation entre l'abbaye et le monde extérieur est matérialisée par une enceinte parfois fortifiée.

LA PORTERIE

À la porte du monastère, on placera un sage vieillard, expérimenté, qui sache recevoir et rendre une réponse, et d'une maturité qui le préserve de courir çà et là. Le portier doit avoir son logement près de la porte afin que ceux qui arrivent le trouvent toujours présent… Règle C.66 1/2

On recevra comme le Christ lui-même tous les hôtes qui surviendront, car lui-même « j'ai demandé l'hospitalité et vous m'avez reçu ». Règle C.53 1

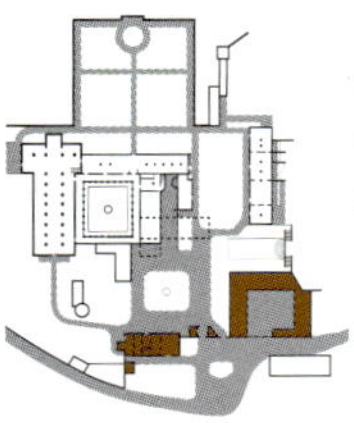

La seule porte d'accès au monastère traverse un corps de bâtiment dénommé porterie où se tient le frère portier. En rez-de-chaussée ou pourvue d'un étage, parfois flanquée de tours, la porterie est presque toujours dotée de deux passages : l'un pour les chariots, l'autre pour les piétons. À proximité, se trouvent deux autres bâtiments qui complètent le dispositif mis en place pour répondre à la vocation charitable et hospitalière de l'abbaye : **L'HÔTELLERIE** où sont hébergés les indigents et les gens de passage et une **CHAPELLE DITE DES ÉTRANGERS** où sont célébrés les offices pour les hôtes.

LE CARRÉ MONASTIQUE

C'est un espace clos de bâtiments répondant à diverses fonctions. Leur distribution sur les quatre côtés du carré central appelé cloître est inspirée du domaine agricole carolingien lui-même issu de la villa romaine à atrium central. L'organisation de cet espace vise à relier aisément secteurs de production et lieux dévolus à la prière tout en séparant convers et moines de chœur.

Abbaye de Bon-Repos (Côtes-d'Armor). Allée conduisant à la porterie. © Emmanuel Berthier.

Abbaye de Silvacane (Bouches-du-Rhône). Vue depuis la nef vers le chœur. Ce chœur présente les caractéristiques du chœur bernardin : chevet plat éclairé par un triplet de baies surmonté d'une rose. © Richard Nourry.

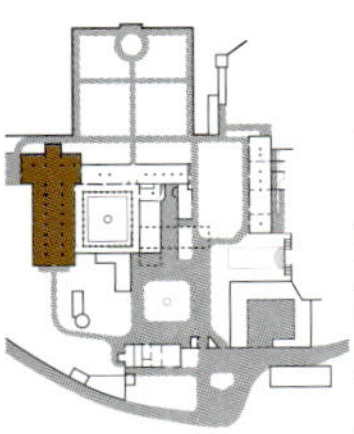

L'ÉGLISE ABBATIALE

Elle est le lieu primordial de l'abbaye, la maison de Dieu. On y célèbre l'eucharistie et les moines s'y rassemblent pour l'office divin. À l'opposé des églises de l'ordre bénédictin, c'est un édifice d'une grande sobriété, isolé du monde extérieur. L'art des bâtisseurs y culmine dans la maîtrise de la lumière qui oriente le moine vers la divinité.

Le chant des psaumes qu'on y entend exprime une recherche d'harmonie et d'intériorité très éloignée de l'éclat des liturgies clunisiennes. Elle est dépourvue de crypte car on n'y conserve pas de reliques offertes à la vénération de pèlerins. Elle n'abrite aucune sépulture car l'abbaye ne reçoit pas de dons des puissants.

Elle correspond au point le plus haut du monastère. Elle est toujours flanquée des bâtiments des moines qui sont établis soit au nord soit au sud selon la configuration du terrain. Elle s'en distingue à peine, un simple clocheton remplaçant ici le haut clocher érigé pour faire entendre au loin l'appel à la prière. Elle présente un plan au sol symbolisant une croix latine plus ou moins large, la nef des abbatiales d'hommes étant souvent flanquée de collatéraux contrairement à celle des femmes dont le parti de composition est plus simple. Elle est tournée vers l'orient afin que le sanctuaire soit éclairé par le soleil levant pour honorer le Dieu du jour nouveau. Son volume intérieur s'inscrit dans une suite de carrés, le carré ayant été choisi comme unité de mesure mais aussi parce qu'il est le symbole de la cité divine. Le plus souvent, elle n'a ni portail à l'ouest, ni tribune. Lorsqu'elle existe, la porte ouest ne peut être comparée à un portail.

L'église constitue un espace hiérarchisé. D'est en ouest, on distingue :

– le sanctuaire, lieu de célébration de l'office divin. Il est surélevé d'un ou plusieurs degrés et abrite en son centre le maître-autel. Par les fenêtres du chevet – généralement plat et le plus souvent percé de trois baies évoquant les trois personnes de la Trinité – pénètrent les premiers rayons du soleil. Il est pourvu de niches contenant armoire et piscine, ou lavabo, liturgiques ;

– le transept. C'est un grand vestibule doté de chapelles – deux ou trois de chaque côté, appuyées contre le mur est – munies d'autels où les moines-prêtres célèbrent la messe. Le transept communique avec d'autres espaces de l'enclos monastique par trois portes : au sud, la porte de la sacristie et la porte du dortoir des moines placée au sommet de l'escalier dit des matines ; au nord, la porte des morts ouvrant sur le cimetière des moines. Chez les moniales, cette porte située à l'opposé de celle du cloître permet également l'accès de l'officiant à l'église ;

– les premières travées de la nef et la croisée du transept formant le chœur des moines. Il est pourvu de stalles derrière lesquelles se situe l'arrière-chœur, ou espace dévolu aux moines âgés ou malades. Ceux-ci pouvaient accéder par les bas-côtés aux autels des chapelles latérales. L'ensemble est séparé du reste de la nef par une haute clôture et communique avec le cloître ;

– les travées occidentales de la nef, dévolues aux frères convers. Ceux-ci accèdent à l'église par une porte située au sud, près de la façade occidentale, communiquant avec leurs quartiers par la ruelle dite des convers ;

– le porche. Cet espace qui précède la porte occidentale n'a pas toujours existé ou n'est pas toujours conservé mais est alors attesté par la présence de corbeaux dans le mur ouest. Il était réservé à l'accueil des fidèles qui n'étaient pas autorisés à entrer dans l'église.

Abbaye de Fontenay (Côte-d'Or). Église abbatiale. Vue depuis le chœur vers la nef. Dans la longue nef voûtée en berceau brisé, aujourd'hui dépourvue des divisions intérieures originelles, la lumière pénètre à l'ouest par deux rangées de fenêtres cintrées.

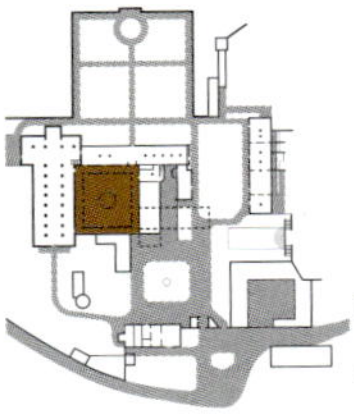

LE CLOÎTRE

Situé au sud ou au nord de l'abbatiale, le cloître revêt une multitude de fonctions. Il répond au besoin de relier les différents lieux attribués aux moines. C'est un espace fermé, de plan carré, dont chacun des côtés est formé de bâtiments précédés d'une galerie couverte en appentis mais ouverte sur l'espace central par une rangée d'arcades. Un jardin occupe le centre du quadrilatère. Il est divisé en quatre carrés formant quatre parterres de gazon à l'intersection desquels se trouve un puits ou une vasque. Il est aussi, à travers la présence du puits ou du lavabo, dévolu à l'hygiène du corps. Il est surtout le cœur spirituel de l'abbaye : lieu de la prière silencieuse des moines et cadre des processions solennelles qui s'y déploient les dimanches et jours de fêtes. Symboliquement, le cloître est un lieu de transition entre le monde des hommes et le monde de Dieu. Il exprime le retrait du monde et l'ouverture vers le ciel. Il est d'ailleurs conçu comme une représentation sur terre de la cité de Dieu que le livre de l'Apocalypse décrit comme une ville carrée bâtie de pierres précieuses. Appuyé sur la croix des quatre points cardinaux, il est à la croisée des axes de l'univers. En son centre, le puits alimenté par une source représente la source d'eau vive ou symbole de la vie éternelle.

Abbaye de Sénanque (Vaucluse). Le cloître et son jardin.

AUTOUR DU CLOÎTRE

L'aile est, attenante au transept de l'église, remplit également des fonctions spirituelles. Elle est appelée galerie de la collation (du latin *collatio*, « allocution ») car c'est là que la communauté se réunit chaque soir pour une lecture collective avant l'office des complies. À cet effet, elle est souvent pourvue de bancs. Elle distribue différents espaces :

- près de l'église, **LA SACRISTIE** ou *vestiarium*, lieu où le célébrant se vêt et lieu de conservation des vases sacrés, et **L'ARMARIUM**, sorte d'armoire où étaient conservés les livres nécessaires à la *lectio divina* et les manuscrits produits au sein de l'abbaye. Au fil du temps, ces dernières seront souvent remplacées par de véritables **BIBLIOTHÈQUES MONASTIQUES**, lieu de conservation des nombreux ouvrages destinés à la formation et à l'étude ;

- au centre de la galerie, **LA SALLE CAPITULAIRE** se distingue par ses ouvertures qui dispensent la lumière – deux arcades placées de part et d'autre de celle dévolue au passage – et par la qualité de sa mise en œuvre, en rapport avec la dignité de sa fonction. C'est là que se réunissent chaque matin après l'office de la première heure du jour l'abbé et les moines de chœur, les seuls qui ont voix au chapitre, pour y lire un chapitre de la Règle et participer à la gestion des affaires. L'espace

EN HAUT **Abbaye de Sénanque (Vaucluse).** Galeries du cloître. © Richard Nourry.
EN BAS **Abbaye de Fontfroide (Aude).** Salle capitulaire. Vue depuis le cloître. © Jacques Debru.

intérieur est voûté. D'élégantes colonnes aux chapiteaux peu ornés le divisent en deux nefs de deux ou trois travées. Il est ceinturé d'une double rangée de banquettes interrompue, au milieu de la rangée est, par le siège de l'abbé. Ses arcades ouvertes sur le cloître permettaient en outre aux convers d'entendre la parole de l'abbé depuis la galerie du cloître certains jours de solennité.

Abbaye du Thoronet (Var). Dortoir des moines. © akg/Hervé Champollion.

Abbaye de Fontenay (Côte-d'Or). Salle des moines.
© Hervé Champollion.

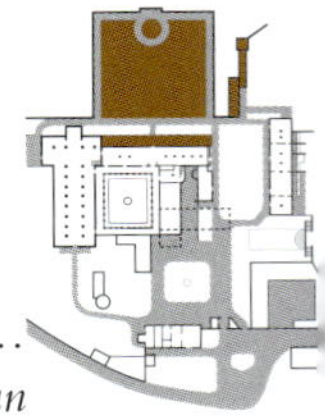

L'ESCALIER mène au dortoir.

LE DORTOIR

Ils dormiront chacun dans un lit à part… si faire se peut, ils coucheront tous dans un même lieu… Les moines dormiront vêtus, afin d'être toujours prêts… Au signal donné, ils se lèveront sans retard et s'empresseront de se devancer les uns les autres pour se rendre à l'œuvre de Dieu… Règle C.22 1/8

Pour la garniture des lits, il suffira d'une natte, d'un gros drap, d'une couverture et d'un chevet. Règle C.55 15

Il occupe l'ensemble de l'étage de l'aile est et communique directement avec l'église où les moines se rendent pour l'office de la nuit. Ce

Abbaye de Cîteaux (Côte-d'Or). Bibliothèque.

large vaisseau est dépourvu de compartiments : la paillasse où chaque moine repose n'est isolée de celle de son voisin que par un cloisonnement bas.

LE PARLOIR

C'est une pièce longitudinale, le plus souvent voûtée en berceau et pourvue d'une banquette en pierre. C'est le seul lieu où les moines sont autorisés à parler. C'est aussi celui où le prieur distribue le travail de la journée.

LE PASSAGE DES MOINES, également étroit et voûté, mène à **L'INFIRMERIE** – implantée à l'est afin que les vents dominants d'ouest poussent les effluves loin du cloître – et aux **JARDINS** dont l'entretien incombait aux moines.

Contiguë au passage, **LA SALLE DES MOINES** ou **SCRIPTORIUM.**

Dévolue à la copie des manuscrits, principale activité manuelle du moine, elle occupe un espace qui se prolonge au-delà du carré du cloître. Elle est divisée en vaisseaux par une ou deux rangées de colonnes.

LA SALLE DES NOVICES est située dans le prolongement de la salle des moines. Les novices, qui vivaient au rythme des moines, s'y exerçaient à l'art de la copie.

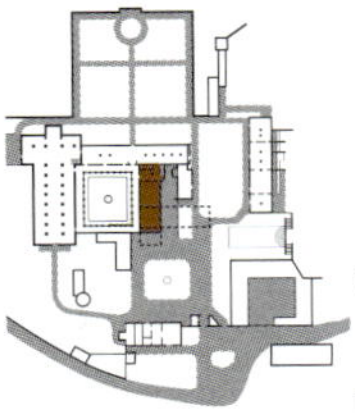

L'aile opposée à l'église renferme successivement :

LE CHAUFFOIR, seul endroit pourvu d'une cheminée excepté la cuisine. Les moines venaient s'y réchauffer et préparer les encres dont ils se servaient.

LE RÉFECTOIRE DES MOINES

La lecture ne doit jamais manquer à la table des frères pendant leurs repas... Qu'on observe un complet silence à table, et qu'on n'y entende ni chuchotements ni parole mais seulement la voix du lecteur. Règle C.38 1 et 5

Il se situe face à l'édicule qui abrite le lavabo du cloître. C'est une vaste nef baignée de lumière, ce que permet son implantation perpendiculairement à la galerie du cloître. Assis sur une banquette placée le long du mur, le moine y mange sans vis-à-vis. Le réfectoire est pourvu d'une chaire aménagée dans l'épaisseur du mur occidental à laquelle on accède par un escalier car la prise de nourriture se faisait en silence et accompagnée d'une lecture à voix haute. Il communique avec la cuisine attenante par le passe-plat.

LE LAVABO DU CLOÎTRE

C'est un bassin reposant ou non sur un pilier et protégé par un pavillon de forme polygonale le plus souvent. C'est un espace sacré lié à la représentation de la fontaine de vie. S'y écoule une eau pure provenant d'une source. Le moine y procède aux ablutions rituelles. Il s'y lave les mains et le visage avant les repas. On suppose qu'il s'y lavait aussi les pieds, au terme de processions pénitentielles à pieds nus et, en l'absence d'une autre salle dévolue à l'hygiène corporelle, qu'il s'y rasait.

LA CUISINE

Moines de chœur et frères convers partagent cet espace doté d'une vaste cheminée dont peu d'exemples subsistent.

LE PARLOIR DES CONVERS

Il occupe l'espace contigu à la cuisine. Pourvu de bancs de pierre, c'est l'endroit où le cellérier, sorte d'administrateur général, distribue le travail et tient le chapitre hebdomadaire des convers à la place de l'abbé.

À GAUCHE **Abbaye du Thoronet (Var).** Édicule abritant le lavabo. © Hémis.

PAGE DE DROITE **Abbaye de Royaumont (Val-d'Oise).** Réfectoire des moines. *On remarque, placée en hauteur dans l'épaisseur du mur ouest, la chaire depuis laquelle le lecteur faisait entendre les lectures saintes.*

© Wikimedia/Clicsouris.

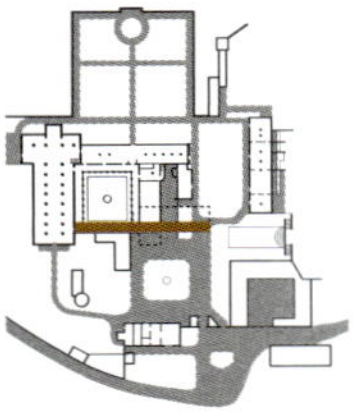

L'aile occidentale est totalement dédiée aux convers. Recrutés parmi les paysans, ces religieux étaient affectés au service de la communauté. Ils étaient, du moins à l'origine, en très grand nombre au sein de l'abbaye cistercienne, ce qui explique l'ampleur des bâtiments qui leur étaient dévolus. On y rencontre, en rez-de-chaussée :

– **LE RÉFECTOIRE DES CONVERS**

– **LA RUELLE DES CONVERS**

Ce passage leur permettait de se rendre à l'église sans emprunter les galeries réservées aux moines.

– **LE CELLIER**

Cet espace semi-enterré, au sol en terre battue, est consacré à la conservation des denrées.

– À l'étage, **LE DORTOIR DES CONVERS**

Il correspond souvent à la plus grande pièce de l'abbaye.

EN HAUT **Abbaye de Clairvaux (Aube).** Dortoir des convers. © Hervé Champollion.

À GAUCHE **Abbaye de Beauport (Côtes-d'Armor).** Cellier. © Flickr/Gilles Messian.

Frères convers débitant du bois. Manuscrit enluminé. Gregorius, *Moralia in Job*. Dijon, BM, ms. 170 f° 59. © IRHT-CNRS.

LE TERRITOIRE DES ABBAYES

Pour exploiter en faire-valoir direct, comme l'imposait la Règle, et maintenir en état leur domaine, les cisterciens disposaient de nombreux bâtiments artisanaux et agricoles où travaillaient les convers, chacun selon sa spécialité : paysan, pêcheur, maçon, forgeron ou tisserand pour ne citer que quelques-uns de leurs métiers. Certains de ces bâtiments faisaient partie des communs : le colombier lorsque l'abbaye en avait le privilège, le four à pain, le vivier... d'autres, à vocation artisanale, étaient à quelque distance afin d'éviter les nuisances dues au bruit : la forge pour fabriquer et entretenir les outils, le moulin à blé, la tannerie pour alimenter en peaux les copistes, l'atelier de tissage pour la fabrication des draps et des vêtements. Plus loin encore étaient implantées les exploitations agricoles appelées granges.

LES GRANGES

Nous pouvons avoir à proximité du monastère, ou au loin, des granges qui seront surveillées et administrées par les convers. Capitula XV-2

L'abbaye disposait d'une ou plusieurs granges. Chaque grange – véritable domaine rural isolé mais rattaché à une abbaye-mère et regroupant bâtiments d'exploitation et d'habitation – employait des équipes de frères convers travaillant sous les ordres d'un frère granger. L'abbaye pouvait disposer de plusieurs granges mais la distance entre une grange et l'abbaye dont elle dépendait ne pouvait excéder une journée de marche afin que le dimanche les convers puissent venir assister à l'office.

Grange de Maubuisson (Val-d'Oise). Vue intérieure. © Archives départementales du Val-d'Oise/ Laurent Baude, Catherine Brossais.

Saint François d'Assise prêche aux oiseaux. Peinture sur bois par Giotto (détail). Paris, musée du Louvre. © RMN.

LE TEMPS DES TROUBLES ET DES RÉFORMES

XIIIe–XVIIIe siècle

L'ÉMERGENCE DES ORDRES MENDIANTS

La fin du XIIe siècle et le début du XIIIe sont en rupture avec la période précédente. L'expansion des grands ordres bénédictin et cistercien se ralentit, la ferveur religieuse diminue, les moines deviennent seigneurs laïcs. Le climat religieux est également perturbé par le développement des sectes hérétiques qui souhaitent le retour à l'esprit de pauvreté des origines. Le renouveau est alors apporté par des hommes dont la vocation est de mener une vie active et non plus seulement contemplative★ et qui se consacrent à prêcher la conversion à Dieu et la repentance. Ils parcourent les villes et vivent de l'aumône d'où leur appellation de mendiants avant de s'établir dans des couvents★. Ce mouvement est à l'origine de deux ordres qui naissent en même temps mais dans des espaces et des contextes différents : celui des Franciscains fondé en 1209 par François d'Assise et celui des Dominicains ou frères prêcheurs fondé en 1215 par Dominique de Guzman. Une branche féminine de ces ordres se développe pour laquelle cependant s'impose la vie cloîtrée selon l'ancienne tradition monastique.

Saint François d'Assise (1181-1226)

Il est le fils d'un riche marchand de draps d'Assise. Après avoir mené une vie frivole, il se convertit, renonce à son héritage et part vivre en ermite dans les monts de l'Ombrie. Trois ans plus tard, il part avec une poignée de fidèles mener une vie d'apôtre de la conversion à Dieu dans les villes d'Italie, vivant dans le dénuement le plus total, travaillant et mendiant si besoin est sa nourriture. En 1209, il fait reconnaître par le pape Innocent III ce mode de vie sans domicile fixe ni possessions. L'activité de prédication s'étend au monde entier et François part prêcher en terre musulmane. Ayant contracté là-bas la malaria et une maladie des yeux, il abandonne la direction de l'ordre nouveau à son disciple Pierre de Catane et se retire. En 1224, il reçoit les stigmates qui correspondent aux blessures du Christ en croix. Il meurt deux ans plus tard.

Saint Dominique de Guzman (1170-1221)

Il naît en Espagne, en Vieille-Castille. Il fait ses études au séminaire de Palencia et devient en 1195 chanoine régulier de la cathédrale d'Osma. Après un voyage dans le sud de la France, il décide de prendre une part active, en tant que prédicateur, à la lutte contre l'hérésie cathare. En 1215, il fonde un premier monastère à Toulouse. Il prend pour Règle celle de saint Augustin, qu'il adapte aux exigences de la prédication, donnant ainsi naissance à une communauté de chanoines réguliers. Après avoir envoyé ses frères se former dans les meilleurs instituts de théologie, en France, en Espagne et en Italie, il transforme sa communauté en un ordre à vocation universelle. Il meurt en 1221 à Bologne.

Saint Dominique. Peinture sur bois par Giambono (détail). Vérone, musée de Castelvecchio. © akg.

LES COUVENTS DES ORDRES MENDIANTS

Souvent confrontés à l'exiguïté des terrains qui leur étaient cédés à l'intérieur des villes, les couvents n'ont pas la régularité des monastères cisterciens dont ils reprennent cependant, chaque fois que possible, le mode d'organisation. Les églises, lieu de la prédication, développent des plans simples en rapport avec l'idéal de pauvreté qui caractérise les Mendiants. Dépourvues de transept, elles présentent un volume unique associant chœur et nef. Totalement accessibles aux fidèles, les nefs sont de deux types : charpentées lorsqu'il s'agit d'églises* de type basilical* telle l'église franciscaine Santa Croce à Florence ou voûtées lorsqu'il s'agit d'églises-halles*, telle l'église dominicaine des Jacobins de Toulouse érigée en 1229 dont l'espace intérieur est divisé en deux nefs par de hauts et fins piliers. Elles sont généralement pourvues de chapelles ou, à défaut, d'autels latéraux. Elles sont pauvres en décor.

DÉCLIN ET RÉFORMES

Amorcée au milieu du XIVe siècle, la guerre de Cent Ans précipite les abbayes vers le déclin. Elles sont souvent pillées et leurs terres saccagées. En 1516, profitant de l'affaiblissement des structures monastiques, le roi François Ier obtient du pape le droit de nommer les évêques et abbés du royaume. S'instaure alors le régime de la commende*. Les revenus de l'abbaye sont désormais partagés entre l'abbé* commendataire, qui souvent s'octroie la meilleure part, et la communauté. Ces abbés, religieux séculiers ou même laïcs, ne résident qu'exceptionnellement dans les abbayes où ils se font cependant construire, souvent à l'emplacement des bâtiments des convers tombés en désuétude, de confortables logis abbatiaux, contribuant ainsi à la ruine économique de l'abbaye dont ils avaient la charge. Au cours des guerres de Religion, les abbayes sont pillées par les troupes huguenotes. Cependant, à la fin du XVIe siècle et au XVIIe siècle, après une période de désorganisation et de laxisme, les abbayes se redressent. Dans la plupart des monastères bénédictins, à l'exception de ceux qui appartiennent à Cluny, le retour aux exigences de la

Église des Jacobins. Toulouse (Haute-Garonne).
Vue intérieure, vue depuis la nef vers le chœur. © Hémis.

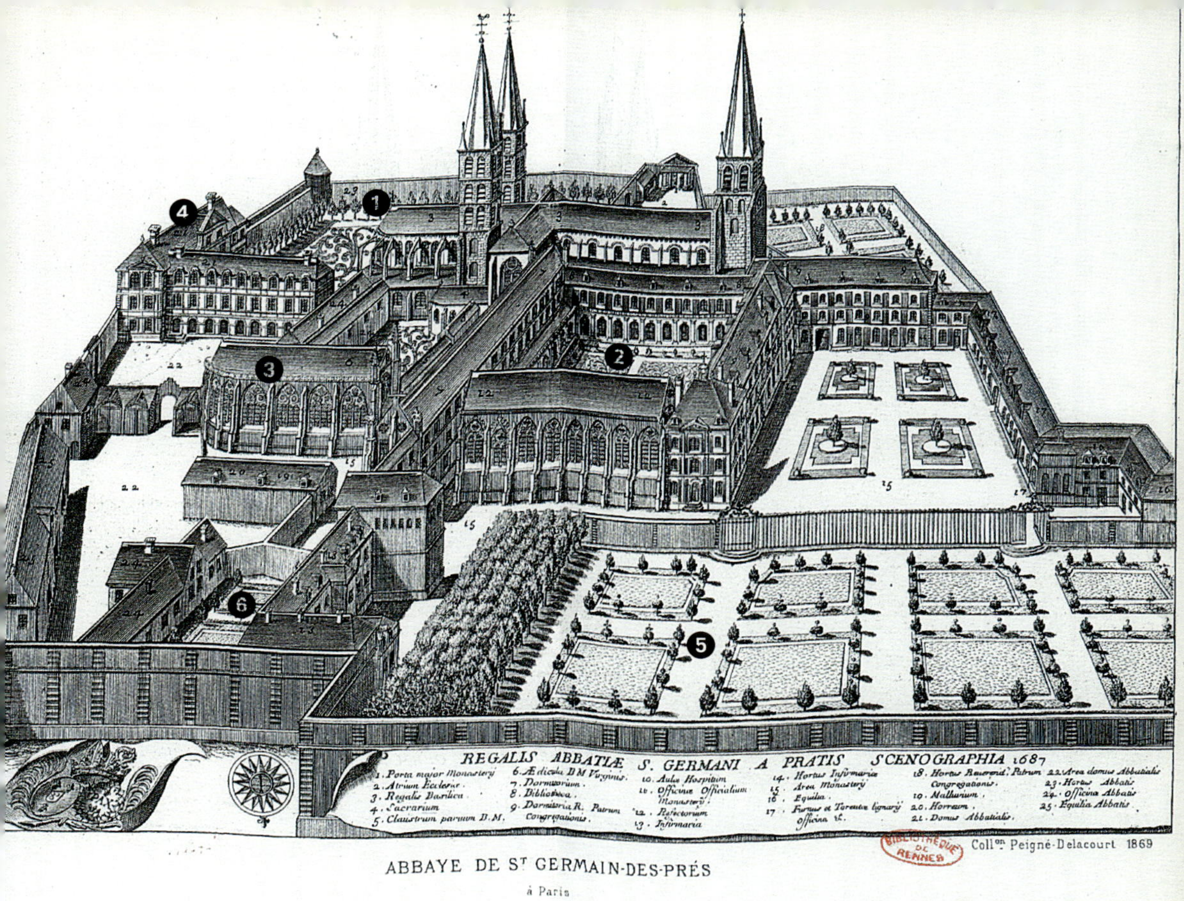

Vue cavalière de l'abbaye de Saint-Germain-des-Prés (Paris). Gravure in *Monasticon Gallicanum*, f° 75. © BM Rennes.

1 • église abbatiale
2 • carré monastique
3 • chapelle de la Vierge
4 • palais abbatial
5 • jardins
6 • infirmerie

vie monastique selon la Règle coïncide avec l'entrée dans la congrégation de Saint-Maur, association de monastères bénédictins réformés érigée en 1621 par le pape Grégoire XV, dont l'abbaye de Saint-Germain-des-Prés, à Paris, sera la maison-mère. Les mauristes s'adonnent aux activités intellectuelles, notamment à la publication d'ouvrages au nombre desquels figure le *Monasticon gallicanum* ou recueil de gravures illustrant tous les monastères français. Sous la direction de certains de leurs frères, ils entreprennent la réparation ou la reconstruction des bâtiments abbatiaux dévastés. Parallèlement à cette réforme, Servais de Lairuelz, alors vicaire général de l'ordre de Prémontré, rédige de nouvelles constitutions de l'ordre fondées sur l'étroite observance de la Règle de saint Norbert. Celles-ci sont approuvées par le pape Paul V. Il ne s'agit cependant que d'un sursis. Avant même que ne survienne la suppression des ordres religieux par l'Assemblée constituante, en 1790, suivie de la vente de leurs biens au titre de biens nationaux, la pénurie des vocations contraint un certain nombre d'établissements monastiques à la fermeture.

Lexique

Abbé : supérieur d'un monastère ou d'une abbaye.

Abbaye : établissement monastique sous le gouvernement d'un abbé ou d'une abbesse.

Abbaye chef d'ordre : abbaye placée à la tête d'un ordre.

Anachorètes : ermites.

Ascèse : ensemble des exercices pratiqués pour progresser dans la vie spirituelle tels que l'abstinence, le renoncement aux biens matériels ou l'acceptation de la souffrance.

Ascétisme : mode de vie des ascètes.

Celle : monastère grandmontain.

Cénobites (du grec *Koïnos Bios*, « vie commune ») : moines vivant en communauté.

Chanoines réguliers : religieux vivant en communauté sous une règle tout en se livrant à un ministère extérieur.

Chanoines séculiers : prêtres diocésains tenus à la récitation de l'office au chœur et formant soit un chapitre collégial soit un chapitre cathédral.

Chapitre : local de l'abbaye où est lu chaque jour un chapitre de la règle. Par extension : assemblée délibérant des questions de la communauté (chapitre conventuel) ou de l'ordre (chapitre général) ou assemblée de chanoines (chapitre collégial ou chapitre cathédral).

Chef d'ordre : voir *Abbaye chef d'ordre.*

Clerc : homme qui appartient au clergé.

Commende : bénéfice ecclésiastique (abbaye, prieuré…) confié à un clerc ou à un laïc dont il tire des revenus.

Convers ou lais : au sein d'une abbaye, frères convertis ou laïcs chargés des tâches matérielles. Contrairement aux moines de chœur, ils ne peuvent pas devenir prêtres, ils n'ont pas voix au chapitre et ils ne sont pas tenus à l'office du chœur.

Couvent : établissement d'une communauté religieuse d'hommes ou de femmes.

Église-halle : église formée de plusieurs vaisseaux de même hauteur et communiquant entre eux.

Église de type basilical : église de plan allongé, à plusieurs vaisseaux et couverte en charpente.

Ermites (du grec *eremos*, « désert ») : hommes qui ont fait le choix d'une vie solitaire pour s'approcher de Dieu.

Exemption : état d'une abbaye placée directement sous l'autorité du pape, donc affranchie de la juridiction de l'évêque.

Laure : regroupement d'ermites autour d'une église et d'un bâtiment commun.

Lectio divina : pratique spirituelle individuelle consistant en la lecture et la méditation des textes de la Bible.

Monachisme (du grec *monachos*, « seul ») : désigne à la fois l'état de vie et l'institution monastiques.

Moines, moniales : hommes, femmes ayant fait le choix de vivre en retrait du monde pour se consacrer à Dieu.

Monastère : établissement de moines ou de moniales.

Ordre religieux : groupement de religieux qui font vœu de vivre sous une règle et sous l'autorité d'un supérieur.

Pères du Désert : nom donné aux pionniers du mouvement monastique qui s'étaient retirés dans les déserts d'Égypte ou de Palestine.

Prieur : moine secondant l'abbé au sein d'une abbaye ou supérieur d'un prieuré dépendant d'une abbaye.

Prieuré : établissement monastique sous le gouvernement d'un prieur, dépendant d'une abbaye.

Règle : texte fixant les dispositions de la vie spirituelle et matérielle d'un ordre monastique.

Thébaïde : Province romaine en Haute-Égypte. Par extension, le désert où le solitaire part à la rencontre de Dieu.

Vie contemplative : état de vie tournée vers la prière et le don de soi à Dieu.

Cloître de l'abbaye d'Aiguebelle. © Frère Thomas.

Bibliographie sommaire

OUVRAGES GÉNÉRAUX

DÉCENEUX (MARC). *Les Abbayes médiévales*. Éditions Ouest-France, Rennes, 2010.

DUBY (GEORGES). *L'Art cistercien*. Éditions Flammarion, Paris, 1989.

KRÜGER (KRISTINA). *Ordres et monastères*. Éditions h.f.Ullmann, Potsdam, 2008.

LAPIERRE (JEAN-PIE). *Règle des moines*. Éditions du Seuil, Paris, 1982.

LEROUX-DHUIS (JEAN-FRANÇOIS). *Les Abbayes cisterciennes*. Éditions Place des Victoires, Paris, 1998.

RENAUD (CLARISSE). *L'Abbaye cistercienne en France*. Éditions Gaud, 2005.

THÉO. *Nouvelle Encyclopédie catholique*. Éditions Droguet-Ardant/Fayard, 1989.

MONOGRAPHIES

GIRAUD-LABALTE (CLAIRE). *L'Abbaye de Fontevraud*. Éditions Ouest-France, Rennes, 2008.

SARTIAUX (FRÉDÉRIC). *L'Abbaye de Fontenay*. Éditions Ouest-France, Rennes, 2009.

LEFRANC (SARAH). *La Chartreuse de Valbonne*. Éditions Ouest-France, Rennes, 2011.

SITES INTERNET

www.universalis.fr : Article « Ordres religieux catholiques »

http://grandmont.pagesperso-orange.fr

EDITIONS OUEST-FRANCE
Aix-en-Provence - Lille - Rennes

Editeur : Anne Cauquetoux
Coordination éditoriale : Solenne Lambert
Collaboration éditoriale : Flore Beaugendre
Conception graphique et mise en pages :
studio graphique des Editions Ouest-France
Cartographie : Patrick Mérienne
Photogravure : graph&ti, Cesson-Sévigné (35)
Impression : Pollina à Luçon (85) - L63938

ISBN 978-2-7373-5906-4 - N° D'ÉDITEUR : 7010.01.4,5.03.13
DÉPÔT LÉGAL : MARS 2013
IMPRIMÉ EN FRANCE
WWW.EDITIONSOUESTFRANCE.FR

EN PREMIÈRE DE COUVERTURE

Abbaye de Royaumont :
le réfectoire des moines. © Hervé Ronné.
Dessin de cloître d'Eugène Viollet-le-Duc.

EN PAGE DE TITRE

Abbaye de Moissac (Tarn-et-Garonne).
Cloître. © Fotolia.